Zur Zukunft des Klimas

AF221035

Fragen an die Zukunft

Heft 2

Lothar Thürmer

Zur Zukunft des Klimas

Eine ernüchternde Botschaft

Bibliografische Information der Deutschen
Nationalbibliothek:
Die Deutsche Nationalbibliothek verzeichnet diese
Publikation
in der Deutschen Nationalbibliografie;
detaillierte bibliografische
Daten sind im Internet über http://dnb.de abrufbar.

© 2020 Lothar Thürmer
Herstellung und Verlag:
BoD – Books on Demand, Norderstedt

ISBN: 978-3-7519-5156-2

Vorwort

Die Welt befindet sich inmitten tiefgreifender Umbrüche. Alte Problemberge wachsen, neue kommen dazu. Entscheidungsträger stehen vor immer komplexeren Aufgaben, die sie unter zunehmender Unsicherheit und häufig unter großem Zeitdruck meistern sollen. Politisch-administrative Systeme stoßen an ihre Grenzen. Die Fragen an die Zukunft werden drängender.

In Heft 1 dieser Reihe habe ich mich mit der Zukunft Europas befasst. Die Europäische Union muss sich entscheiden, welche Konsequenzen sie aus der Rivalität zwischen den USA und China zieht. Wollen wir in der Welt von morgen an der Seite Amerikas oder Chinas stehen? Oder aber wollen wir einen eigenen, einen europäischen Weg beschreiten?

Seit der Veröffentlichung von Heft 1 ist die internationale Lage noch ernster geworden.

Nach Angaben der Nachrichtenagentur Reuters hat das Ministerium für Staatssicherheit dem chinesischen Präsidenten jüngst einen internen Bericht vorgelegt, demzufolge sich China auf einen „bewaffneten Konflikt" mit den USA einstellen müsse.

Der Druck Chinas auf Europa wächst weiter. Wer daran noch Zweifel hat, dem empfehle ich folgendes Buch zur Lektüre: „Die lautlose Eroberung: Wie China westliche Demokratien unterwandert und die Welt neu ordnet". Auch wenn China noch immer über wenig „Soft Power" (Joseph Nye) verfügt: Europa sollte nicht naiv sein und die Bedrohung durch die KP Chinas kleinreden. Denn „mit einer Strategie der vorsätzlichen Naivität verliert Europa am Ende beides – das Wohlwollen der Amerikaner und den Respekt der Chinesen" (Gabor Steingart).

Während die USA und China wirtschaftlich und technologisch, politisch und militärisch um die Vorherrschaft in der Welt kämpfen, wollen wir den Planeten vor der Klimakatastrophe retten.

Etwas zynisch könnte man fast schon sagen: Wir strengen uns an, damit die Welt, die die Supermächte beherrschen wollen, auch bewohnbar bleibt. Ein Stück weit scheint es, als wollten wir auf einer „kleinen grünen Insel der Glückseligen" leben und dabei die Augen vor den großen Gefahren verschließen, die um uns herum lauern.

Heft 2 der Reihe "Fragen an die Zukunft" befasst sich mit dem Klimawandel. Manche werden einwenden: Warum sollte man gerade jetzt, wo die Corona-Pandemie die Welt in Atem hält, den Klimawandel in den Vordergrund rücken? Ich meine, hier trifft Harrison Ford den richtigen Ton:
Wenn die Weltgemeinschaft jetzt nicht beherzt Initiativen ergreife, „dann wird die Erde unbewohnbar, und dann wird nichts anderes mehr zählen."

Der deutsche und europäische Weg zu einem forcierten Klimaschutz verdient großen Respekt. Er ist in einer Welt der Machtpolitik und des nationalen Egoismus mutig. Aber ist er auch klug?

Jedenfalls trifft er die Gefühle und die Empathie vieler Menschen, die sich um die Zukunft ihrer Kinder und Enkel, aber auch um die Zukunft der Menschheit insgesamt sorgen. Dazu gehört Luca Parmitano, der italienische Kommandant der internationalen Raumstation ISS, der sich aus dem Weltall mit bewegenden Worten an uns wendet: „Unser Planet ist unglaublich schön und gleichzeitig unglaublich fragil – und es macht Angst und ist sehr traurig, die schrecklichen Auswirkungen des Klimawandels von hier aus zu sehen."

Der Klimawandel ist bei uns längst angekommen. Eine Mehrheit der Bevölkerung ist der Ansicht, das Klima sollte besser geschützt werden.

Klimaschutz beruhigt das Gewissen. Und doch müssen wir zur Kenntnis nehmen, was der Rest der Welt tut – oder eben auch nicht tut.

Es drängen sich existentielle Fragen auf: Können wir überhaupt erreichen, was wir klimapolitisch wollen?
Und mit welchen Kosten sind unsere Anstrengungen verbunden?
Ist gut gemeint auch gut gemacht?
Fragen also, die einer Klärung bedürfen.
Und zwar jetzt!

Friedberg, im Mai 2020

Klimawandel in Zeiten der Corona-Krise

Das Sars-CoV-2-Virus füllt die Schlagzeilen.
Zu Recht. Es ist extrem gefährlich.
Sollen wir uns in dieser Zeit ernsthaft mit
dem Klimawandel befassen?
Ich meine: ja!
Und zwar mindestens aus drei Gründen.

Erstens und naheliegend: weil die
Klimakrise nicht wartet!
„Das Klimathema löst sich wegen Corona
nicht in Luft auf", so Hannes Jaenicke.

Die Corona-Krise wird am Ende
Hunderttausende, ja vielleicht sogar
Millionen Tote fordern.
Der IWF warnt vor einer „epochalen
Rezession".
Es könnte Hunger und Elend auf dieser Welt
geben - in einem Ausmaß, das wir längst für
überwunden hielten.

Wir könnten sogar vor einer neuen Finanzkrise stehen, die noch tiefgreifender wird als die von 2008/09.

„Eine ursprünglich epidemiologische Krise hat sich in eine tiefe Rezession verwandelt, die in sich den Keim einer Weltfinanzkrise trägt", so Gabor Steingart.

Aber noch viel radikaler und nachhaltiger könnte die Erderwärmung unser Leben verändern. Schon heute hat sie weitaus mehr Tote gefordert als das Coronavirus. Nur haben uns die Berichte über Hitze und Dürre, Überschwemmungen und Wirbelstürme längst abgestumpft.

Viele übersehen dabei, wie der Klimawandel immer weiter voranschreitet - in kleinen Schritten zwar, aber scheinbar unaufhaltsam.

Seine Risiken sind deutlich schwerwiegender als die von Sars-CoV-2.

So bemerkt etwa Stefan Rahmstorf vom
Potsdam-Institut für Klimafolgenforschung:
„Was wir heute tun, bestimmt auf
Jahrtausende, wie viel Kohlendioxid in der
Luft hängt. ... Die Klimakrise wird uns also
nicht noch ein paar Monate oder Jahre,
sondern viele Generationen lang
beschäftigen."

In die gleiche Kerbe schlägt Dirk Messner,
Präsident des Umweltbundesamtes:
„Wenn wir uns jetzt nur um das Hier und
Jetzt kümmern und die viel größere
Klimakrise vergessen, wird sich das rächen."

Zweitens und für manche vielleicht etwas
überraschend:
Unsere Reaktion auf das Coronavirus kann
den Kohlenstoffdioxid-Ausstoß auf Dauer
verringern!

Damit meine ich offensichtlich nicht die nur
vorübergehenden Folgen des Lockdowns.
Gewiss, wir werden in diesem Jahr einen
signifikanten Rückgang des globalen

Ausstoßes von CO2 sehen - nach
Schätzungen um über 4 Prozent gegenüber
2019.
Aber viele der nur temporären Effekte
werden verpuffen.

Mein Punkt ist also ein anderer:
Corona hat für die Digitalisierung unseres
Alltages einen mächtigen Schub nach vorne
gebracht.

Ich denke etwa an Homeschooling,
Homeoffice, Videokonferenzen,
medizinische Apps, Onlineshopping oder
auch an das bargeldlose Bezahlen.

Wir haben erfahren, wie Digitalisierung uns
und unsere Freiheit vor dem Virus schützen
kann.
Und wir haben erlebt, wie man Konferenzen
auch ohne Flugzeug und mit viel weniger
Aufwand durchführen kann.
Vielen hat das gefallen – mit der Folge, dass
manche Verhaltensänderungen Corona
überdauern werden.

„Die Coronakrise ist eine Chance für den digitalen Wandel", so Norbert Röttgen.

Ähnlich sieht das Thomas Straubhaar: „Was als Notmaßnahme als Folge des Coronavirus erst ausprobiert und getestet und danach erfolgreich praktiziert wurde, wird auch nach einer Pandemie beibehalten werden. Ganz generell und überall in Wirtschaft, Gesellschaft und Politik wird die Digitalisierung beschleunigt vorankommen."

Ein Mindset-Shift pro Digitalisierung könnte zu einem partiellen Verzicht auf physische Mobilität führen, Ballungsräume entlasten und die Emission von Treibhausgasen vermindern.
Das ist klimapolitisch eine gute Nachricht, wenngleich man diesen Effekt nicht überschätzen darf.

Ein weiteres kommt aber hinzu:
Corona hat die Globalisierung ein Stück weit „entzaubert".

Künftig wird nicht nur die Bevorratung systemisch notwendiger Ressourcen eine größere Rolle spielen als bislang.
Auch wird das Bewusstsein wachsen, dass die Kosteneffizienz internationaler Arbeitsteilung nicht der alleinige Maßstab für Investitionsentscheidungen sein kann. Strategisch notwendige Produktionen könnten ein Stück weit „renationalisiert" oder „europäisiert" werden.

So plädiert Bertram Brossardt, Hauptgeschäftsführer der Vereinigung der Bayerischen Wirtschaft, für eine Versorgungssicherheit unseres Standortes mit „kritischen Gütern". Darunter versteht er etwa Arzneimittel, Schutzkleidung, Hygieneartikel, Grundnahrungsmittel, Telekommunikationsgeräte, Batterien und Akkus.

Zwar wird es keine „Rückabwicklung" der Globalisierung geben. Wohl aber könnten gewisse Korrekturen erfolgen.

Und die würden dem Klima zugutekommen - wenn Transporte über weite Strecken und Produktionen in Ländern mit schwachen Umweltstandards zurückgehen.

Ein dritter Grund, warum wir uns gerade jetzt mit dem Klimawandel befassen müssen:
weil es gigantische staatliche Konjunktur- und Investitionsprogramme geben wird, um der Wirtschaft wieder auf die Beine zu helfen!
Sie stoßen ein Fenster der Möglichkeiten auf. Die Überwindung der Krise ist die Chance für einen Neustart.
Aber für einen Neustart wohin?

Dass eine solche Richtungsentscheidung von großer Tragweite sein kann, das muss schon Georg Christoph Lichtenberg geahnt haben:
„Es ist nicht gesagt, dass es besser wird, wenn es anders wird. Wenn es aber besser werden soll, muss es anders werden."

Im Mittelpunkt steht jetzt vor allem die
Frage:
Brauchen wir künftig mehr „grüne Politik"
oder weniger?
Wieviel Umweltschutz dürfen oder müssen
wir uns leisten?

Ein ökologisch priorisiertes Szenario sieht
im Neustart nach der Corona-Krise eine
geradezu einmalige Chance, um die grüne
Transformation unserer Wirtschaft
schneller voranzubringen.
Und die sei die Gestaltungsaufgabe des
einundzwanzigsten Jahrhunderts
schlechthin.

Hierfür gelte es jetzt die Weichen zu stellen.
Staatliche Förderprogramme seien
systematisch klimafreundlich auszurichten.
Sie sollten „grün imprägniert" sein, wie es
Winfried Kretschmann gefordert hat.
Die Überschrift eines Leitartikels von
Bernhard Junginger bringt es auf den Punkt:
„Der Corona-Neustart muss grün sein."

Klimaschutz hat Vorrang - so das Credo des ökologischen Ansatzes.
Die soziale Marktwirtschaft müsse deshalb schnellstmöglich in eine nachhaltige Marktwirtschaft umgebaut werden.
Jetzt gelte es, beim Klima- und Umweltschutz Gas zu geben.

Ein ökonomisch priorisiertes Szenario kommt erwartungsgemäß zu einem vollkommen anderen Schluss:
Runter vom Gas beim Klimaschutz!
Zurück zur Marktwirtschaft!
Vorfahrt für die Unternehmen!
Sie müssten sich jetzt rasch wieder erholen und bräuchten deshalb staatliche Unterstützung, die nicht an klimapolitische Vorgaben geknüpft ist.
Alle Belastungen gehörten auf den Prüfstand, auch und gerade beim Klimaschutz.

So hält etwa der BDI das europäische Ziel, den Ausstoß von Kohlenstoffdioxid bis 2030

(gegenüber 1990) um 55 Prozent zu
reduzieren, für viel zu ambitioniert.
Was steckt dahinter?
Die Sorge um die Wettbewerbsfähigkeit der
deutschen Industrie!
Die Bereitschaft anderer Kontinente,
unseren klimapolitischen Weg mitzugehen,
war schon vor der Corona-Krise nicht
besonders ausgeprägt.
Jetzt könnte sie weiter schwinden.

Speziell die deutsche Automobilindustrie
steht mächtig unter Druck.
Auch aufgrund der strengen europäischen
CO_2-Grenzwerte.
Eine Zurückstellung drohender
Milliardenstrafen bei der Nichteinhaltung
dieser Werte wäre deshalb eine erhebliche
Entlastung.

Ein weiteres kommt hinzu:
Auf vielen Zukunftsmärkten sind wir längst
nicht mehr ganz vorne mit dabei.
Die Prozesse einer globalen digitalen
Transformation laufen zu oft ohne uns.

Schon jetzt spielt die Musik bei den großen digitalen Konzernen aus Amerika und China. Nach der Krise aber stehen wir vor einem „historischen Gezeitenwechsel".

Ähnlich sieht das Sigmar Gabriel, der bemerkt:
„Die Corona-Pandemie könnte die Bruchkante von digitaler und analoger Welt in der globalen Wirtschaftsgeschichte markieren."

Werden Disruptionen zur „neuen Normalität"?

Amy Webb treibt die Sorge um, „dass die globale Pandemie einen ökonomisch-technologischen Krieg auslöst, wie wir ihn noch nicht gesehen haben."
Sie prognostiziert eine Zweiteilung der Welt: in einen Teil mit der Volksrepublik China und ihren Partnern, die eine digitale Überwachungsinfrastruktur nutzen, sowie den großen Rest der anderen Staaten.

China habe die Krise genutzt, um die
Künstliche Intelligenz auszubauen und um
noch mehr Daten zu sammeln.
Daten aber seien wie Algorithmen die
Waffen der Zukunft.

Die Corona-Krise hat demnach, um im Bild
zu bleiben, Chinas „Waffenarsenal"
vergrößert. Das des Westens aber nicht.

Deshalb „könnte die Pandemie den
Startpunkt für das asiatische Jahrhundert
markieren" (Kishore Mahbubani).
Dazu passt der massive Versuch Chinas, mit
einer ausgeklügelten Dreifachstrategie nach
den wirtschafts- und geopolitischen Sternen
zu greifen.

Diese Strategie beinhaltet
eine beschleunigte militärische Aufrüstung,
das gigantische Infrastrukturprojekt „Neue
Seidenstraße" und
ein neues „Hightech-Programm" mit dem
Ziel, sich an die Spitze der internationalen
Digitalwirtschaft zu setzen.

Damit könnte China unter Xi Jinping am Ende doch noch „der große Sprung nach vorn" gelingen, der Mao Zedong einst misslungen ist.

Für Europa und Deutschland ein vielleicht letzter Weckruf.
Und ein ultimativer Grund, jetzt selbst mit Volldampf in Richtung Hightech zu steuern!

Verfechter einer ökonomischen Neuorientierung fordern deshalb, das Hochfahren unserer Wirtschaft für eine vor allem digitale Aufholjagd zu nutzen.
„Nach der Coronakrise braucht es das Wirtschaftswunder 2.0", so Thomas Sattelberger.

Der „Baukasten der Zukunft" enthält dafür geniale Werkzeuge:
angefangen von 5G, Robotern und Künstlicher Intelligenz über den 3D-Druck bis hin zu synthetischer Biologie.
Technologien also, die sich gegenseitig noch verstärken können!

Ich meine, einer Neuausrichtung deutscher Politik sollte ein „integrativer Ansatz" zugrunde liegen.

Ein Ansatz mit folgenden Eckpunkten:

- Kein Weiter-so, keine Rückkehr zur „Old Economy" und zum „Business as usual";
- Investitionen in den Klimaschutz vor allem dort, wo diese unmittelbar rentabel sind;
- Stärkung der Innovations- und Wettbewerbskraft von Unternehmen;
- grünes Licht für eine wachstumsorientierte Steuerreform;
- analoge und digitale Infrastruktur-, Technologie- und Bildungsoffensive;
- behutsame Weiterentwicklung der sozialen hin zu einer ökologisch-sozialen Marktwirtschaft!

Für diese Herkulesaufgabe brauchen wir im Übrigen eine „neue Finanzpolitik".
Eine Finanzpolitik, die den Mut hat, mehr Schulden zuzulassen.
Das gebietet die praktische Vernunft.

Warum?
Zunächst, weil unsere Schuldenquote auch in der Nach-Corona-Ära, verglichen mit anderen Ländern, im unteren Bereich, also vertretbar bleiben wird.

Vor allem aber sind wir in einer Währungsunion mit hochverschuldeten Ländern verbunden. Wir sitzen in einem Boot. Immer mehr scheint dafür zu sprechen, dass wir den Weg in eine Schulden- und Transferunion beschleunigt fortsetzen werden – ob wir das ursprünglich gewollt haben oder nicht!

Wo supranationale Kompetenzen an Gewicht gewinnen, werden die Karten im nationalen Standortwettbewerb neu gemischt.

Attraktive Infrastrukturen und wettbewerbsfähige Steuer- und Abgabensysteme gewinnen gegenüber Vorteilen im Schulden-Ranking an Bedeutung.

Was haben Menschen davon, wenn ihre Insel der Solidität in einem Meer der Schulden versinkt?

Finanzpolitischer Musterknabe oder sparsame schwäbische Hausfrau sein zu wollen, das wird ehrenhaft bleiben.

Aber es scheint, als würden wir unter den künftigen Bedingungen weiter kommen, wenn wir mit dem europäischen Strom schwimmen.

Eine letzte Anmerkung: Es wäre wohl eine Illusion zu meinen, die Corona-Krise liefere eine Blaupause dafür, wie wir die Erhitzung der Erde in den Griff bekommen können.

Gewiss, beide Herausforderungen räumen dem Rat der Wissenschaft einen hohen Stellenwert ein, wenngleich auch der vielstimmig und widersprüchlich sein kann.

Aber der entscheidende Unterschied liegt in der wahrgenommenen Dringlichkeit und in der Art der Maßnahmen.

Robert Habeck hat zu Recht angemerkt, dass es gegen die Klimaerwärmung keinen Impfstoff geben wird.
Und während die Corona-Krise eine unmittelbar spürbare Bedrohung ist, erweist sich die Erderwärmung als eine schleichende Krise, die wir gerne verdrängen, weil ihre schlimmsten Auswirkungen erst kommende Generationen betreffen werden.
Das Virus verteilt sich rasend schnell, während die Durchschnittstemperatur der Erdoberfläche nur langsam steigt.

Dafür aber wird die Fieberkurve des Planeten auch dann noch nach oben zeigen, wenn die Hitze der Corona-Krise längst erloschen sein wird.

Globaler Klimaschutz:
notwendig und sinnvoll

Wir können die Auswirkungen des
Klimawandels spüren.
2018 und 2019 hat Deutschland unter
extremer Dürre gelitten.
Wir haben verheerende Waldbrände
gesehen – etwa in Australien, Kalifornien
oder Griechenland, aber auch in
Brandenburg.
Anfang Februar wurde in der Antarktis mit
über 18 Grad die bislang höchste
Temperatur seit Beginn der
Wetteraufzeichnungen gemessen.
Die Erwärmung der Atmosphäre führt dazu,
dass sich das Meerwasser ausdehnt und
Gletscher abschmelzen.
Allein zwischen 1993 und 2019 ist der
Meeresspiegel um 9,6 Zentimeter
angestiegen.
Wir erinnern uns an die schrecklichen Bilder
vom Hochwasser in Venedig Ende 2019.

Trotz vieler unmittelbar erfahrbarer
Veränderungen des Wettergeschehens
verharmlosen manche immer noch den
Klimawandel.
Der sei nur eine „Erfindung der Chinesen".
Und wenn es ihn doch geben sollte, dann
sei er nicht menschengemacht.

Auf der anderen Seite gibt es so etwas wie
eine „Klima-Panik".
Da ist die Forderung, wir müssten sofort
und vollständig aus der fossilen Energie
aussteigen.
Panik ist aber der falsche Ansatz.

Klimapolitik findet nicht in einem luftleeren
Raum statt. Sondern in einer komplexen
Welt. In einer Welt, in der es nicht nur ein
Ziel oder ein Interesse gibt.
Manche jugendlichen Klimaaktivisten
scheinen überdies zu vergessen, dass
politische Entscheidungen nicht irgendwo
getroffen werden, sondern in den dafür von
unserer Verfassung vorgesehenen
Institutionen.

In Demokratien müssen unterschiedliche
Interessen und Ziele zu einem Ausgleich
gebracht werden!

Beispiel „Kohle-Kompromiss":
Da geht es eben nicht nur um CO_2, sondern
auch um Versorgungssicherheit, um
Wohlstand und Arbeitsplätze, um sozialen
Frieden und politische Stabilität.

So wichtig Klimabelange auch sind:
In der Politik geht es um mehr.
So hat der Vizepräsident der EU-
Kommission, Josep Borrell, bemerkt:
„Ich frage mich, ob die jungen Leute, die in
den Straßen von Berlin für Maßnahmen
gegen den Klimawandel demonstrieren, sich
der Kosten dieser Maßnahmen bewusst
sind. Und ob sie bereit sind, ihren
Lebensstandard zu senken, um polnische
Bergarbeiter zu entschädigen. Denn wenn
wir ernsthaft gegen Klimawandel kämpfen,
werden sie ihre Jobs verlieren und
Unterstützung brauchen."

Die Menschen, die sich als „One-Issue-Aktivisten" verstehen, dürfen sich an Bertolt Brecht erinnert fühlen:
„Alle großen Ideen scheitern an den Leuten."

Denn die „Leute" wissen:
Effizientes staatliches Handeln und stabile Demokratien brauchen „Many-Issues-Parteien".

„Fridays für Future":
Mit dieser Bewegung geht etwa Henryk M. Broder hart ins Gericht.
Er hat sogar geäußert, Greta Thunberg gehöre zur „Avantgarde des Totalitarismus".
Für manche sei Klimaschutz inzwischen eine „säkulare Religion".

Auf dem vorläufigen Höhepunkt der Klimabewegung vor der Corona-Krise führte die öffentliche Erregung ein Stück weit fast schon zu einem „Klima-Taumel", der eine nüchterne Betrachtung ziemlich erschwerte.

Wann, wenn nicht jetzt, wo dieser Klima-Taumel zumindest vorübergehend unterbrochen ist, sollten wir grundlegend über das Klima nachdenken?

Ein Hauptergebnis dieses Nachdenkens wird zweifelsfrei lauten:
Unser Klima ist in großer Gefahr.
Sein Schutz ist eine, wenn nicht sogar die zentrale Herausforderung.
Um ihr gerecht werden zu können, brauchen wir Besonnenheit und kollektive Rationalität, nicht aber bloßen Aktionismus und blinden Übereifer.

Kein Zweifel mehr: Es gibt den menschengemachten Klimawandel.
Er wird befeuert durch Treibhausgase - nicht nur, aber vor allem durch den Ausstoß von Kohlenstoffdioxid.
Der wichtigste Grund dafür: die Verbrennung fossiler Energieträger.

Der Klimawandel hat Auswirkungen auf alle Bereiche von Umwelt, Gesellschaft und Wirtschaft.
Schon mittelfristig kann er zu disruptiven Ereignissen führen.
Zu Ereignissen, die die Landnutzung, Siedlungs- und Verkehrsstrukturen, Wirtschaft, Wohlstand und Sicherheit schnell und fundamental verändern könnten.

Ab einer bestimmten Erwärmung der Erde könnten wir die Kontrolle über die weitere Entwicklung verlieren. Dann wären Klimaprozesse nicht mehr zu stoppen.

Infolge der Klimaänderung sind natürliche Prozesse in Gang gekommen, die die Erwärmung beschleunigen.

Walter Hehl nennt folgende verstärkende Klimaeffekte aus der Natur:
„Der Permafrost taut auf, die Tundren werden feuchter. Wasserdampf und Methan entweichen. Methan ist ein

effizientes Treibhausgas. Auch die Gletscher schrumpfen, und das Meereis schmilzt. Dadurch werden die Erde und die Ozeane dunkler und absorbieren mehr Wärme. Der Wasserdampfgehalt der Atmosphäre steigt. Wasserdampf ist ebenfalls ein Treibhausgas. Das wärmere Wasser der Ozeane kann weniger Kohlendioxid aufnehmen. Durch das gelöste Kohlendioxid in den Ozeanen wird das Wasser saurer. Meeresorganismen produzieren dann weniger Dimethylsulfid, das weniger Aerosole (d. h. weniger Wolken) in der Atmosphäre erzeugt. Der Schutzschirm gegen das einfallende Sonnenlicht wird dünner."

Allerdings weiß niemand genau, wann und unter welchen Bedingungen diese Prozesse nicht mehr aufzuhalten sind.

Der Weltklimarat gelangt zu dem Schluss: „Der genaue Grad an Klimaänderung, der ausreicht, um abrupte und irreversible Änderungen auszulösen, bleibt unsicher.

Das mit der Überschreitung solcher Grenzen verbundene Risiko steigt jedoch mit höheren Temperaturen."

Was sollen wir in einer solch unsicheren Lage tun? Vielleicht sollten wir es mit Cicero halten: „Ich will lieber mit Weisen irren, als mit Unwissenden recht zu behalten."
Also sollten wir dem Rat der Wissenschaft folgen!

Das dachten wohl auch die 196 Staaten, die sich auf der Welt-Klimakonferenz 2015 in Paris dazu verpflichtet haben, die Erderwärmung auf deutlich unter 2 Grad und möglichst auf 1,5 Grad zu begrenzen sowie spätestens in der zweiten Hälfte des Jahrhunderts weltweit Treibhausgasneutralität zu erreichen.

Klimaschutz ist teuer, gewiss. Aber die drohenden Folgekosten einer globalen Klimaerwärmung sind nach Auffassung der allermeisten Experten noch viel höher als die Kosten für den Klimaschutz.

Eine neue Studie des Potsdam-Instituts für Klimafolgenforschung und der New Yorker Columbia University scheint das zu bestätigen. Danach sind Investitionen in den Klimaschutz im Einklang mit dem Pariser Abkommen auch in ökonomischer Hinsicht sinnvoll.

Ein ambitionierter Klimaschutz ist also „rentabel". Er „rechnet" sich für die Weltgemeinschaft.

Vor allem aber ist er notwendig, weil sich sonst die Bedingungen menschlichen Lebens dramatisch verschlechtern könnten.

Ist er aber auch technisch möglich?

Globaler Klimaschutz ist technisch möglich!

Die Klimakrise ließe sich aus technischer Sicht abwenden. Wie? Durch eine dekarbonisierte Energieversorgung!

Dazu der Weltklimarat: „Die Begrenzung der globalen Erwärmung setzt eine Begrenzung der gesamten kumulativen globalen anthropogenen CO_2-Emissionen seit dem vorindustriellen Zeitalter voraus."

Klimaschutz erfordert also eine Energiewende bzw. „Energierevolution". Einen weltweiten Ausstieg aus fossilen Energieträgern wie Kohle, Öl und Erdgas. Und einen Umstieg in CO_2-neutrale Energie.

Beim ersten Teil dieser Energierevolution ist die Menschheit schon ein Stück weit vorangekommen:
Fortschritte beim erneuerbar produzierten Strom aus Wind und Sonne sind unübersehbar.

Problem: 80 Prozent des gesamten Endenergieverbrauchs für Verkehr, Industrie und Wärme werden allein in Deutschland bis heute fast ausschließlich durch Öl, Kohle und Gas gedeckt.

Teil zwei der Energierevolution sollte deshalb nach Meinung vieler Experten fossile durch CO_2-neutrale Gase und Brennstoffe ersetzen.
Das kann mit „grünem Wasserstoff" und seinen Derivaten gelingen.

Holger Lösch, Hauptgeschäftsführer des BDI, und Robert Schlögl, Direktor des Fritz-Haber-Instituts der Max-Planck-Gesellschaft in Berlin, sind geradezu euphorisch: „Erneuerbar produzierter Strom braucht einen Partner, der seine Schwächen ausgleicht, der ihn speicherbar, transportierbar, importierbar und in allen Sektoren einsetzbar macht. Wasserstoff ist dieser perfekte Partner."

Und: „Langfristig werden erneuerbarer
Strom und Wasserstoff mit seinen
Derivaten das Zwillingspaar sein, mit dem
der Menschheit die zweite
Energierevolution gelingt."

„Verba docent, exempla trahunt", deshalb:
Wo Leitungen fehlen, um Strom aus
Windkraftanlagen zu transportieren, könnte
man mit dem Strom vor Ort Wasserstoff
gewinnen, diesen an den Bestimmungsort
transportieren und ihn dort wieder in Strom
„umwandeln".

Auch in der industriellen Produktion könnte
man mithilfe von Wasserstoff als
Energieträger Öl, Gas und Kohle ersetzen.

Batteriestrom in Automobilen ist im Grunde
eher auf leichtere Fahrzeuge und für
kürzere Entfernungen ausgerichtet.
Für Langstrecken und bei schweren
Fahrzeugen wie Bussen und Lastwagen,
aber auch bei großen Schiffen könnte man
auf den Brennstoffzellenantrieb setzen.

Selbst klimaneutraler Flugverkehr scheint
möglich.
Und warum können Kraftstoffe überhaupt
klimafreundlich sein?
Nun, gibt man dem Wasserstoff CO_2 aus
der Luft zu, bilden sich Kohlenwasserstoffe,
die ähnliche Strukturen haben wie solche,
die aus Erdöl gewonnen werden.
Im Ergebnis kommt bei der Verbrennung
dann nur so viel CO_2 in die Atmosphäre, wie
ihr vorher entzogen worden war.

Schon Jules Verne schwärmte: „Wasser ist
die Kohle der Zukunft".
Später rief Jeremy Rifkin die
„Wasserstoffrevolution" aus.
Und heute wissen wir: Wasserstoff könnte
zum „Erdöl des 21. Jahrhunderts" werden.

Aber ist Wasserstoff wirklich der Stoff, aus
dem die klimapolitischen Träume sind?

Claudia Kemfert vom Deutschen Institut für
Wirtschaftsforschung scheint da große
Zweifel zu haben.

Sie hält den „Wasserstoff-Ansatz" für wenig effizient. Und setzt stattdessen auf dezentrale „Kombilösungen":

„Die Energieversorgung der Zukunft ist dekarbonisiert, dezentral, demokratisch und digital: Wind, Sonne, Wasser, Biomasse und Geothermie wirken dezentral im Team. Wenn wir sie alle samt Speicheroptionen für Energie klug miteinander verzahnen, entsteht ein virtuelles Großkraftwerk. Das ermöglicht eine Vollversorgung mit erneuerbaren Energien. Dafür brauchen wir Künstliche Intelligenz, intelligente Netze und Speicher".

Aber unabhängig davon, ob man ein dezentrales Kombi-Modell oder einen weiträumigen Wasserstoff-Ansatz vorzieht:

Globaler Klimaschutz würde zumindest für eine Übergangszeit zu Einbußen beim weltweiten Lebensstandard führen, zum Verzicht.

Das sollte allerdings kein wirkliches
Gegenargument sein, sind fossile
Energieträger doch ohnehin endlich.
Irgendwann müssten sie so oder so durch
erneuerbare Energien ersetzt werden.
Es geht im Grunde „nur" darum, diesen
Zeitpunkt vorzuziehen, um die Erwärmung
der Erde zu begrenzen.

Wie hoch aber wäre der Rückgang des
Lebensstandards?
Das weiß kein Mensch!
Auch deshalb nicht, weil es einen großen
Unterschied macht, wie effektiv und
effizient die ergriffenen Maßnahmen sind
und wie das Timing aussieht.

Wer zu spät kommt, den bestraft
bekanntlich das Leben.
Beim Klimaschutz würden „Verspätungen"
dazu führen, dass drastischere und
kostspieligere Maßnahmen ergriffen
werden müssten.
Und dass manche Verheerungen gar nicht
mehr abgewendet werden könnten.

Fest steht aber auch, dass
Wohlstandseinbußen umso geringer sein
würden, je mehr Alternativen man für ein
CO_2-freies Wirtschaften zuließe.
Je technologieoffener die Transformation
angegangen würde.

Technologieoffenheit lässt unterschiedliche
Entwicklungen und Lösungsansätze zu,
beispielsweise:

die Vermeidung von CO_2 und das
Herausfiltern von CO_2 aus der Luft – Carbon
Capture and Storage (CCS);
die Nutzung von Wind- und Sonnenenergie
und von Kernenergie;
die Verwendung des batterieelektrischen
Antriebes, der Brennstoffzelle und von
synthetischen Kraftstoffen.

Es sollte sich die Technologie durchsetzen,
die vergleichsweise kosteneffizient und
risikoarm ist.

Für globalen Klimaschutz gibt es kein Lehrbuch, kein Patentrezept.
Deshalb sollte er „Versuch und Irrtum" zulassen, gepaart mit Pragmatismus und Realitätssinn. Und er sollte vor allem auf Innovation und Marktkräfte setzen!

Wie aber ließe sich all das am besten umsetzen?
Durch einen globalen Emissionshandel!

Dieser sollte alle Sektoren der Wirtschaft und alle Länder umfassen, einen weltweiten Deckel (Cap) festlegen und so den CO_2-Ausstoß der Welt wirksam begrenzen.
Dann könnte der Handel einen weltweit einheitlichen Preis für CO_2 herausbilden, der die Vermeidungsanstrengungen aller Unternehmen und Menschen effizient koordinieren würde.

Ein ehrgeiziger globaler Klimaschutz wäre also nicht nur für die Zukunft der Menschheit notwendig.

Er wäre auch wirtschaftlich sinnvoll und technisch machbar.

Wir müssen mit der Erderwärmung leben!

Und doch ist das Pariser Klimaabkommen
gescheitert! Das Ziel, den Anstieg der
Erderwärmung auf 1,5 Grad im Vergleich
zur vorindustriellen Zeit zu begrenzen, ist
nicht mehr erreichbar. Seit der
Industrialisierung ist die globale Temperatur
bereits um über 1 Grad gestiegen.
Die 1,5-Grad-Marke werden wir wohl
bereits in den nächsten 10 bis 15 Jahren
überschreiten.

Das meinen sehr viele aus der Klima-
Community. Zumindest hinter
vorgehaltener Hand.
Andere sprechen das offen aus, so Jens
Soentgen, wissenschaftlicher Leiter des
Wissenschaftszentrums Umwelt der
Universität Augsburg.
Von Sondereffekten wie der Corona-Krise
einmal abgesehen:
Der globale CO_2-Ausstoß steigt. Und ebenso
der CO_2-Gehalt der Luft.
Mehr noch: Auch die Steigerung steigt.

Warum ist das so?
Warum fassen internationale Konferenzen
Beschlüsse, die Staaten dann doch nicht
umsetzen?

Karl Popper fordert:
„Optimismus ist Pflicht. Man muss sich auf
die Dinge konzentrieren, die gemacht
werden sollen und für die man
verantwortlich ist."
Hat dieser große Philosoph am Ende
umsonst gemahnt? Nein!

Das Problem ist, dass seine Forderung beim
Klima ins Leere läuft:
Es gibt keine belastbare institutionelle
Zuständigkeit und Verantwortung für diesen
Planeten und die Weltgemeinschaft!

Es gibt keine funktionsfähige Weltordnung.
Keine „Weltregierung" mit starken
Regelungskompetenzen und Machtmitteln,
die Regeln auch durchzusetzen.
Die Vereinten Nationen können eine
Weltregierung nicht ansatzweise ersetzen.

Das ist der wahre Grund dafür, warum die Welt vor einem Klima-Dilemma steht.

Dabei sah es lange so aus, als wären wir auf einem guten Weg zu einer funktionsfähigen Weltordnung.
Zur Herausbildung von internationalen Regeln, deren Einhaltung durch supranationale Institutionen überwacht wird.
Leider ist die Welt von diesem Weg abgekommen.

China ließ sich nicht weit genug einbinden, auch weil es nicht im notwendigen Umfang auf eigene Souveränität verzichten wollte.
Und die USA wollten im Grunde schon länger ihre Rolle als „Hüter der Weltordnung" loswerden.
Unter Trump kam es dann endgültig zum Bruch:
„America first" bedeutet auch den Ausstieg aus dem Pariser Klimaabkommen.

Und so gelangt Herfried Münkler zu der traurigen, wenngleich nicht wirklich überraschenden Feststellung:
„Die internationale Weltordnung ist inzwischen mehr Utopie als mögliche Realität. … Wir beobachten die Rückkehr zum Staat und zur Nation."

Droht am Ende eine Welt, die nationalistischer, chaotischer und ärmer wird?
Oder ein „langsames, aber stetiges Driften in eine internationale Anarchie", wie es der ehemalige australische Premierminister Kevin Rudd befürchtet?

Bereits Henry Kissinger hatte eine „Welt in Unordnung" beklagt.
„Die Welt ist aus den Fugen geraten", so später Frank-Walter Steinmeier.
Sigmar Gabriel analysiert nüchtern, dass die beiden wichtigsten Weltmächte, die wir für eine bessere Weltordnung brauchen, nämlich die USA und China, in Rivalitäten verstrickt bleiben würden.

Und es scheint, als ob er damit noch
untertrieben haben könnte:

Ian Bremmer, Gründer der Denkfabrik
„Eurasia Group", bezeichnet die
Beziehungen zwischen den USA und China
als so schlecht wie seit dem Tiananmen-
Massaker 1989 nicht mehr.

Leistet sich die Menschheit eine Ordnung,
die sie an den Rand des kollektiven
Abgrundes zu führen droht?

Zwar wäre es auch ohne „perfekte"
Weltordnung denkbar, mit intelligenten
Koordinierungsmechanismen wie etwa der
„Revealed-Preference-Methode" ein
kollektiv rationales Handeln beim
„öffentlichen Gut" Klima zu ermöglichen.
„Trittbrettfahrer-Staaten" beim Klimaschutz
könnte man so erfolgreich „das Handwerk
legen".

Dafür spricht immerhin ein gemeinsames Interesse aller Staaten, die Erderwärmung zu begrenzen.

Aber auch wenn es mehr als gute Gründe dafür gibt, sich einem System der kollektiven Logik unterzuordnen:
Ohne einen gemeinsamen politischen Willen zumindest der großen Akteure der Weltpolitik wird der Planet nicht vorankommen.

Doch wie wahrscheinlich ist es, dass sich die USA und China zu einem gemeinsamen Willen durchringen?
Wenn man die Beziehung zwischen den beiden Supermächten betrachtet, könnte man sich fast schon an Thomas Hobbes erinnert fühlen: „Homo homini lupus"!

Zwei nach der Vorherrschaft in der Welt strebende Supermächte „unter einen Hut" zu bringen, das ist tatsächlich schwer vorstellbar.

Somit stehen wir vor einem
„Globalversagen kollektiver Politik".
Und wir bleiben bis auf Weiteres auf den
„Goodwill" von Staaten angewiesen.
Vor allem der Staaten, die am meisten
Treibhausgase emittieren.
Aber einen solchen Goodwill scheint es
nicht zu geben.

Beispiel China:
Das Reich der Mitte ist der Hauptemittent
von Treibhausgasen.
Zwar setzt es auf Wind- und Wasserkraft,
aber eben auch auf Kohle.
Abgesehen von der „Corona-Delle":
China stößt mehr CO_2 aus und nicht
weniger!

Schlimmer noch: Während sich Deutschland
und Europa aus der Kohle zurückziehen,
scheint sich China an der Finanzierung von
mindestens dreizehn Kohleprojekten in
Afrika zu beteiligen, und weitere neun
befinden sich wohl in Vorbereitung.
So zumindest Greenpeace.

Auch das ist ein - im Übrigen besonders negatives - Beispiel dafür, wie China Abhängigkeiten schafft.

Bestsellerautor Jonathan Franzen fragt:
„Wann hören wir auf, uns etwas vorzumachen?"
Und er fordert:
„Gestehen wir uns ein, dass wir die Katastrophe nicht verhindern können."
Hat Franzen Recht?
Vieles spricht jedenfalls dafür.

Wer Franzen aber noch immer für einen „Spinner" hält, der sei an die Worte von Mark Twain erinnert:
„Menschen mit einer neuen Idee gelten solange als Spinner, bis sich die Sache durchgesetzt hat."

Die „Sache" aber ist die:
Wir brauchen eine Ernüchterung in der Klimapolitik!

Kein deutscher Alleingang – wir können das Weltklima nicht retten!

Zur Ernüchterung gehört auch die Erkenntnis:
Deutschland allein kann das Klima nicht retten.
Und sollte es deshalb auch gar nicht erst versuchen.
Denn ein solcher Versuch wäre zum Scheitern verurteilt.

Warum?
Unser Anteil am weltweiten Ausstoß von Kohlenstoffdioxid beträgt 2 % (2018).
Demgegenüber haben die drei größten Emittenten
China (27,5 %),
die USA (14,8 %) und
Indien (7,3 %)
zusammen die Hälfte des globalen menschengemachten CO_2-Ausstoßes zu verantworten.
Gegenüber diesen „CO_2-Supermächten" ist Deutschland klimapolitisch ein „Zwerg".

Selbst wenn Deutschland vollkommen CO2-frei würde, könnte man das auf der Kurve der globalen Emission ohne Lupe kaum erkennen.

Sind Klimaprotagonisten bei uns überhaupt schon in der Wirklichkeit von heute angekommen?
Diese Frage scheint berechtigt.
Denn wir lagen zwar um 1900 wirtschaftlich tatsächlich weit vorne. Und als logische Konsequenz davon betrug unser Anteil am Ausstoß von Treibhausgasen damals satte 30 Prozent.
Aber das liegt lange zurück.
Heute sind wir ein kleines Land, das in der wirtschaftlichen Entwicklung in wichtigen Bereichen den Anschluss an die Weltspitze zu verlieren droht.

Und alles könnte noch viel schlimmer kommen, wenn wir uns nicht endlich der Wirklichkeit stellen:
Vieles spricht dafür, dass die globale Nachfrage nach fossilen Energieträgern bei

einem deutschen Verzicht gar nicht zurückginge.

Warum?

Andere Länder könnten die von uns nicht mehr gebrauchten Mengen aufkaufen und verfeuern!

Dann würde sich zwar die Emission Deutschlands verringern, aber nicht der weltweite Ausstoß von Treibhausgasen.

Für das Klima wäre das ein Nullsummenspiel.

CO_2-Moleküle haben keine Staatsangehörigkeit!

Sie kennen keine Grenzen.

Dem Klima ist es egal, wo auf der Welt emittiert oder eingespart wird.

Die globale Bilanz ist entscheidend.

Und es ist noch nicht einmal auszuschließen, dass der Ölpreis sinken würde und die Öl-produzierenden Länder noch mehr fördern könnten.

Mit der Folge, dass eine zusätzliche
Nachfrage in anderen Regionen unseren
Verzicht überkompensieren würde.
Das Klima würde sich dann sogar
verschlechtern.
Das wäre ein CO_2-Drama von
Shakespeare´schen Ausmaßen!

Der Journalist Henrik Müller hat also Recht,
wenn er in „Spiegel online" feststellt:

„Es könnte sogar so weit kommen, dass
nennenswerte Einsparungen auf der einen
Seite des Globus zu weniger Klimaschutz auf
der anderen Seite führen. ... Am Ende wäre
der Ausstoß an Treibhausgasen global gar
nicht zurückgegangen oder sogar gestiegen.
Aber einige Nationen hätten enorme Kosten
geschultert."

Nun meinen manche, Deutschland sollte
eine Vorreiterfunktion übernehmen.
Andere Länder würden unserem Beispiel
schon folgen. Deutschland hätte eine
Signalwirkung für den Rest der Welt.

Aber Vorsicht: Wer hofft, dass ein Vorreiter Deutschland die Welt verändert, der sollte sich umsehen und vergewissern, ob es auch Nachreiter gibt. Da bin ich eher skeptisch, denn die sind bislang nicht zu sehen.

Das Ergebnis unserer Energiewende, die zu den zweithöchsten Stromkosten für deutsche Haushalte in der EU mit beigetragen hat, ist bislang für viele so überzeugend nicht.
Daniel Stelter bemerkt sogar, „dass die deutsche Energiewende weltweit als Desaster und keineswegs als Vorbild angesehen wird."

Deutscher Idealismus muss sich an der Wirklichkeit messen lassen.
Globale Probleme erfordern nun einmal globale Lösungen!

Auch wenn wir klimapolitisch also nur ein Zwerg sind, so sind wir doch wirkmächtig genug, um uns selbst „sinnlos" zu kasteien oder wirtschaftlich zu „schaden".

Und zwar durch eine überzogene,
ökologisch motivierte Belastung von
Unternehmen und Haushalten.

Wettbewerbsnachteile als Ergebnis davon
führen zu einem „Carbon-Leakage-Risiko".
Das bedeutet, Unternehmen könnten ihre
Produktion wegen der gestiegenen Kosten
in andere Länder verlagern.
In Länder mit „günstigeren"
Emissionsbedingungen.
Das könnte in einem „Worst-Case-Szenario"
sogar zu einem Anstieg der
Gesamtemissionen führen.
In jedem Falle aber zu Verlusten von
Wertschöpfung, Lebensstandard und
Arbeitsplätzen im Inland.

Hinzu kommt das Risiko von
„Billigimporten" klimaschädlich
hergestellter Produkte.
Dem könnte man zwar grundsätzlich mit
Zöllen entgegentreten.
Das ist auf europäischer Ebene auch
angedacht.

Nur, dann könnten Handelskonflikte
drohen.
Zölle bei Verstößen gegen den Klimaschutz
sind nur vorstellbar in Wirtschaftsräumen,
die deutlich größer sind als die Europäische
Union. Vor allem in einem Wirtschaftsraum
Europa - USA. Solche Überlegungen
scheinen aber aus heutiger Perspektive eher
unrealistisch zu sein.

Ein Wirtschaftsraum Europa - Asien wäre
zwar ebenfalls grundsätzlich denkbar.
Aber um welchen Preis?
Um den Preis der Aufgabe unserer
freiheitlichen Werteordnung?
Dann wäre eine Partnerschaft mit Asien der
Beginn einer Reise auf dem „Highway to
Hell"!

Als einen letzten Ausweg könnte man dann
noch staatliche Subventionen sehen, etwa
für die Stahl-, Zement- und
Chemieindustrie, wenn sie grünen
Wasserstoff einsetzt, um CO_2 zu vermeiden.

Aber auch hier müssen wir höllisch aufpassen. Denn das könnte nicht nur zu gigantischen Einbußen beim Lebensstandard führen, sondern auch den Weg in einen „staatswirtschaftlichen Ökologismus" bereiten.
Und das wäre ein gefährlicher Irrweg.

Ein rein nationaler Klimaschutz könnte also Unternehmen und Verbraucher vor Ort belasten und so deren Wettbewerbsfähigkeit und Lebensstandard vermindern, ohne einen erkennbaren Einfluss auf den Klimawandel zu haben.

Mit anderen Worten: Die Kosten-Nutzen-Bilanz einer rein nationalen Klimaschutzpolitik könnte grottenschlecht ausfallen.

Das gilt besonders für Staaten wie Deutschland, die selbst nur einen sehr kleinen Anteil am menschengemachten CO_2-Ausstoß haben.

Es gilt aber auch für die EU insgesamt, die zwar einen Anteil von 9,5 % am CO_2-Ausstoß hat, damit aber immer noch weit hinter China und den USA liegt.

Frau von der Leyen hat proklamiert: „Der Green Deal ist unsere neue Wachstumsstrategie."

Manche argwöhnen aber, dass er zu einer „neuen Verzichtsstrategie" werden könnte.

Um Missverständnissen keinen Raum zu geben: Wir sollten Klima- und Umweltschutz betreiben, aber: mit Vernunft und Augenmaß.

Unser Kurs sollte effektiv, effizient und flexibel sein.

Und das Signal senden: Wir gehören nicht zu den „engstirnigen Egoisten" dieser Welt, sondern zu denjenigen, die bereit sind, am Klimaschutz engagiert mitzuwirken, sofern es dafür genügend relevante „Mitstreiter" gibt.

Wir wollen an der Spitze der Bewegung stehen, wenn der Globus klimapolitisch „durchstarten" sollte.

Vielleicht kommt es ja doch noch zu einer „späten Einsicht" auch der großen „Klimasünder", wenn die Auswirkungen der Erderhitzung spürbarer werden und das Ende der bisherigen Zivilisation näher zu rücken droht.

Schon Leo Tolstoi hat erkannt: "Wir schätzen die Zeit erst, wenn uns davon nicht mehr viel geblieben ist."

Heute aber sollten wir vor allem darauf achten, die Grenzen der „ökologischen Belastungsfähigkeit" von Unternehmen und Haushalten nicht zu überschreiten, die Effizienz der Märkte zu nutzen und auf marktwirtschaftliche Anreize zu setzen: also auf eine CO2-Bepreisung.

Ein solcher Weg ist nach Auffassung der meisten Experten viel besser, als es kleinteilige Verbote und Vorschriften je sein könnten.

In diesem Zusammenhang gehört die EEG-Umlage auf den Prüfstand.
Jährlich werden 25 Milliarden Euro von den Stromverbrauchern zu den Produzenten von Ökostrom umverteilt.

Kein Wunder also, dass es seit langem die Forderung gibt, das EEG wieder abzuschaffen. Auch mit dem Hinweis darauf, dass der Emissionshandel allein genügen würde, um Investitionen in erneuerbare Energien umzulenken.
Bislang ohne Erfolg.
Jetzt mehren sich Stimmen, wenigstens auf eine Steuerfinanzierung zu setzen.
Ob sich die „Reformer" diesmal durchsetzen werden?

In einem Punkt scheint es aber einen breiten Konsens zu geben:
Klimafreundliche Verfahren, Produkte und Dienstleistungen, die sich auf den Weltmärkten durchsetzen, machen ökonomisch und ökologisch Sinn!

So wenig wir uns also davon abhalten lassen sollten, einen vernünftigen Kurs in der Klimapolitik zu steuern, so sehr sollten wir uns aber davor hüten, „Klassenprimus" werden zu wollen.

Denn damit würden wir Gefahr laufen, unsere Möglichkeiten völlig falsch einzuschätzen.
Uns zu „verheben".
Und damit ungewollt gravierende wirtschaftliche und soziale Verwerfungen und im schlimmsten Fall sogar Erschütterungen unserer politischen Ordnung zu riskieren.

Für eine neue Klima-Realpolitik!

Man kann es drehen und wenden, wie man will: Der Ansatz der Weltgemeinschaft ist gescheitert. Wir werden die Klimaziele verfehlen. Egal, was Deutschland macht. Vieles deutet darauf hin, dass die Erderwärmung um über 2 Grad zunehmen wird.

Diese ernüchternde Einschätzung darf aber nicht dazu führen, dass wir die Hände in den Schoß legen und nichts mehr tun, im Gegenteil!

Wenn die „First-best-Lösung" nicht zustande kommt, müssen wir eben die zweitbeste Lösung anstreben.
Und das heißt: Wir müssen uns jetzt prioritär darauf einstellen, mit der Erderwärmung und ihren Konsequenzen bestmöglich zu leben!

Das schließt übrigens nicht aus, dass wir weiterhin „mit Augenmaß" fossile Energieträger durch erneuerbare Energien ersetzen.
Schon deshalb, weil uns Kohle, Öl und Gas nicht ewig zur Verfügung stehen.

Die wichtigste Aufgabe der Politik wird aber darin bestehen, zu führen und Ziele zu setzen.
Ziele, die erreichbar sind und die den Menschen etwas bringen.
Das beinhaltet auch einen Ausgleich zwischen konkurrierenden Zielen.

Zielkonflikte bestehen vor allem zwischen nationalen Kraftanstrengungen für den Klima- und Umweltschutz auf der einen Seite und Wohlstand, Beschäftigung und sozialem Fortschritt auf der anderen Seite.

Einigkeit sollte hier zumindest darin bestehen, alles dafür zu tun, damit unser Land auch in Zukunft eine international führende Wirtschaftsmacht bleibt.

Damit Deutschland in der Champions
League der Hochtechnologien mitspielen
kann. Hierbei können natürlich auch
Klimaschutztechnologien bedeutsam sein.

Es gibt eine Vielzahl möglicher deutscher
Beiträge zum Klimaschutz, die mit
wirtschaftlichen und sozialen Zielen
durchaus harmonieren würden.

So könnte Deutschland etwa in Erwägung
ziehen, den Ausstieg aus der Kernkraft zu
revidieren, neue Kraftwerke mit einem
geringeren Gefährdungspotential zu bauen
und die Forschung zur Wiederaufarbeitung
von Brennstäben voranzubringen.
Darauf weist Hans-Werner Sinn hin: ein
renommierter und kluger Wissenschaftler.
Aber die Politik hört nicht immer auf ihn. So
auch in der Frage der Kernenergie.

Regierungssprecher Steffen Seibert am 18.
Dezember 2019: „Der Ausstieg wird wie
geplant vollzogen".

Pressemeldungen zufolge hatte allerdings der wirtschafts- und energiepolitische Sprecher der CDU/CSU-Bundestagsfraktion, Joachim Pfeiffer, zuvor den 2011 nach der Reaktorkatastrophe von Fukushima beschlossenen Atomausstieg in Frage gestellt.

Er wäre unter Umständen offen dafür, auch in Zukunft Kernkraftwerke zu betreiben.

„An mir und an der Unionsfraktion wird es nicht scheitern."

Er habe es für falsch gehalten, überhaupt aus der Kernkraft auszusteigen.

Es gibt eine ganze Reihe von Ländern, die in der Kernkraft ihre einzige Chance sehen, klimapolitisch etwas zu bewirken.

So sagte etwa der tschechische Ministerpräsident Babis im Dezember 2019: „Ohne Atomenergie erreichen wir die Klimaneutralität nicht."

Und der französische Präsident Macron fordert Verständnis für jene Länder, die zur

Erreichung ihrer Klimaziele auf Kernenergie setzen.

Kein Wunder übrigens, bezieht Frankreich doch über 70 Prozent seines Strombedarfs aus der Atomenergie.

Das alles ändert aber nichts daran, dass die Dinge in Deutschland so sind, wie sie nun mal sind.

Und ganz klar ist auch, dass es tatsächlich gewichtige Argumente gibt, die gegen die Kernkraft sprechen – vor allem das Risiko und die Entsorgungsfrage.

Deutschland könnte sich im Übrigen auch noch stärker für internationale Maßnahmen einsetzen: etwa für ein Programm der Vereinten Nationen zur Rettung der Regenwälder.

Und Deutschland könnte noch stärker auf die Einrichtung eines weltweiten Emissionshandels hinwirken.

Das sind sehr dicke Bretter.

Erfolgsaussichten deshalb ungewiss.

Aber solche Anstrengungen sind immer noch besser, als ohne Sinn und Verstand den eigenen Wohlstand zu gefährden.

Neben dem Hauptkonflikt zwischen Wohlstand und nationalem Klimaschutz gibt es eine Reihe weiterer Zielkonflikte.
Einen davon möchte ich hier nennen:
den „innerökologischen" Konflikt zwischen Klima- und Umweltzielen.
Auch hier gibt es eine große Ernüchterung: Klimafreundlich ist nicht gleich umweltfreundlich.
Das anzunehmen wäre naiv.

So ist etwa Wasserkraft klimafreundlich, aber nicht gut für den Fluss mit seiner Artenvielfalt.
Wer wollte behaupten, Windkraftanlagen seien eine Bereicherung für die Landschaft?
Und Maisfelder: eine Katastrophe für die Biodiversität!

Alles in allem ist der Naturschutz der große Verlierer der Energiewende.

Klimapolitik ist Landnutzungspolitik.
Denn die Energie wird nicht mehr aus der
Tiefe, sondern aus der Fläche geholt.

Was hat nun Vorrang:
Klima- oder Umweltschutz?
Das sollte nicht die Frage sein.
Sondern: Wie lässt sich der Widerspruch
auflösen?
Wir müssen erneuerbare Energie
umweltfreundlicher machen!
Nur dann kann es ein „Win-Win" für Klima
und Natur geben.

Wie sehr die Artenvielfalt inzwischen
bedroht und wie notwendig der Schutz der
Natur geworden ist, das zeigt im Übrigen
auch der jüngst vorgelegte Bericht zur „Lage
der Natur".

Es spricht vieles dafür, dass wir jetzt vor
allem eines brauchen: einen realpolitischen
Paradigmenwechsel in der Klimapolitik - hin
zu einer vorausschauenden Anpassung an
die Erderwärmung.

Sie sollte zu einem „Markenkern" einer neuen Klima-Realpolitik werden.
Einer Politik, die die Widerstandsfähigkeit der Umwelt und des menschlichen Lebens stärkt.
Für die Gesellschaft ist es allemal besser, erwartbare disruptive Entwicklungen aktiv zu gestalten, als nur passiv darauf zu reagieren.

Deshalb sollten wir jetzt massiv in die Erforschung der Klimaanpassung investieren!
Vielleicht wird ja der eine oder andere Klimaaktivist von heute ein Klimaforscher von morgen?

Ein Musterbeispiel für das, was wir jetzt verstärkt tun sollten, ist das geplante Zentrum für Klimaresilienz in Augsburg.
Es soll unter anderem helfen zu ergründen, wie Kommunen den Folgen des Klimawandels ganz praktisch begegnen können.

Dabei geht es nicht nur um helle Oberflächen, die die Sonnenstrahlung reflektieren und so deutlich weniger Hitze absorbieren. Sondern auch etwa um die Auswirkungen des Klimawandels auf den Wasserhaushalt einer Kommune.
Wenn Wasserleitungen einer höheren Temperatur ausgesetzt sind, kann es zu einem verstärkten Bakterienwachstum kommen. Also wird man Wasserleitungen künftig wohl tiefer legen müssen.

Ein weiteres praktisches Beispiel für die Anpassung an die Erderwärmung: CO_2-freie Klimatisierungssysteme.
Sie könnten bei steigenden Temperaturen immer attraktiver werden.

Innovative und klimafreundliche Verfahren, Produkte und Dienstleistungen generieren und neue Wachstumsmärkte erschließen: Wer könnte das besser als unsere Forscher, Ingenieure und Unternehmer?

Sie werden deshalb in der nächsten Zeit viel Arbeit bekommen!

So brauchen wir eine Anpassung des Gesundheitssystems an die unmittelbaren Folgen höherer Temperaturen, aber auch an neue Erkrankungen, die mit dem zunehmenden Vorkommen von wärmeliebenden Insekten bei uns einhergehen.

Wir brauchen
eine neue „Klimaarchitektur",
eine Neuorientierung des Tourismus,
besonders in vielen Wintersportorten,
einen Umbau des Waldes mit
klimatoleranten Bäumen,
ein zukunftsfähiges Niedrigwasser-,
Trockenheits- und Dürremanagement und
eine klimaangepasste Landwirtschaft.

Weltweit müssen wir uns auf steigende Meeresspiegel, Megabrände und eine Klimaflucht vorbereiten.

Schätzungen gehen davon aus, dass allein bis zur Mitte dieses Jahrhunderts bis zu drei Milliarden Menschen vor den Folgen des Klimawandels fliehen könnten.
Auch deshalb, weil wir weltweit Küstenstädte und Inselstaaten werden „aufgeben" und deren Bewohner umsiedeln müssen.

Forscher warnen davor, dass die Meeresspiegel bis Ende dieses Jahrhunderts extrem stark ansteigen könnten –um bis zu 150 Zentimeter.

Es gibt also dramatisch viel zu tun.
Packen wir´s an!

Nachwort

Wir müssen klimaneutral werden!
Diese Forderung scheint vielen fast schon
trivial zu sein.
Ist sie aber nicht.
Denn wer sind „wir"?
„Wir" sind die heutige Menschheit und ihre
Nachkommen!

„Wir" stehen vor einem Dilemma.
Denn vieles, wenn nicht sogar alles spricht
zwar dafür, dass „wir" das Erforderliche tun
sollten, um eine weitere Erwärmung der
Erde zu begrenzen - auch wenn „wir" die
Ziele des Pariser Klimaabkommens nicht
mehr werden erreichen können.
Genauso vieles spricht aber dagegen, dass
„wir" das schaffen werden. Denn die
Aussichten für eine „konzertierte
Klimapolitik" scheinen denkbar schlecht zu
sein.

Das ist eine extrem unbequeme Botschaft!

Aber eine, die den Menschen nichts
vorgaukelt.

Der Versuch, das global Notwendige im
nationalen Alleingang tun zu wollen, ist zum
Scheitern verurteilt. Man sollte ihn deshalb
gar nicht erst unternehmen.
Auch diese Botschaft mag für manche
ernüchternd sein. Ernüchternd und
unbequem, weil abseits des
klimapolitischen Mainstreams.

Und es war noch nie leicht, sich gegen den
Zeitgeist zu stellen. Oder um es mit Kurt
Tucholsky zu sagen:
„Nichts ist schwerer und erfordert mehr
Charakter, als sich in offenem Gegensatz zu
seiner Zeit zu befinden und laut zu sagen:
Nein!"

Ja sagen sollten wir aber zu einem
klimapolitischen Paradigmenwechsel!
Wir sollten uns jetzt prioritär und mit aller
Kraft auf die scheinbar unabwendbare
Erwärmung der Erde vorbereiten.

Und eine konsistente, ethisch begründete klima-, umwelt- und menschenfreundliche Realpolitik entwerfen und umsetzen.

Das ist unsere Aufgabe!

Autor

Lothar Thürmer, 1954 geboren, studierte
nach dem Abitur an einem mathematisch-
naturwissenschaftlichen Gymnasium
Wirtschaftswissenschaften in Augsburg und
Los Angeles.
Sein besonderes Interesse gilt der
Institutionenökonomie.
Der berufliche Werdegang des Autors mit
Stationen in mehreren Ministerien hat es
mit sich gebracht, dass er im Umfeld
prägender Persönlichkeiten und politischer
Vordenker arbeiten und lernen durfte. Dazu
gehörten auch Franz Josef Strauß und
Professor Kurt Biedenkopf.
Heute befasst er sich mit drängenden
Zukunftsfragen.

Veröffentlichungen

Bürokratie und Effizienz staatlichen
Handelns. Der Beitrag der Ökonomischen
Theorie der Politik zur Erklärung des
Verhaltens demokratisch gesteuerter
Verwaltungen, Berlin 1984

Comment to W. W. Pommerehne and F.
Schneider, Does Government in a
Representative Democracy Follow a
Majority of Voters´ Preferences? – An
Empirical Examination, in: H. Hanusch (Hg.),
Anatomy of Government Deficiencies,
Berlin u. a. 1983

Zur Zukunft Europas in der Welt von
morgen, Norderstedt 2019